ODILON

ODILON

CARPENTRAS

IMPRIMERIE E. ROLLAND, SUCC^r DE M. DEVILLARIO

—

1865

ODILON.

CHAPITRE I.

Odilon... Son nom de famille m'est connu, mais il est inutile de vous l'apprendre et j'ai plusieurs raisons assez bonnes pour ne vous l'apprendre pas. Qu'il vous suffise de connaître ses aventures qui sont, à ce qu'il me semble, assez intéressantes et des plus curieuses. Vous en jugerez.

Odilon est né à Paris, dans le sein d'une famille opulente et distinguée, mais non chrétienne. Elle l'avait été jadis à un degré peu commun, et, en remontant, peut-être, cinquante ans environ, vous auriez trouvé dans cette famille, honorable alors, principes, mœurs, sentiments, habitudes, tout, en un mot, digne du nom sacré de chrétien; mais un orage était passé sur la terre de France, et tous ces trésors avaient disparu pour elle.

CHAPITRE II.

Odilon n'entendit donc point de sa mère le doux et touchant langage de la piété. Il ne la vit point à genoux, auprès de son berceau, implorant pour lui les bénédictions du ciel. Il ne reçut point d'elle ces caresses accompagnées d'amour de Dieu, que sait donner une mère chrétienne, et qui ne nuisent point à l'âme du chrétien naissant. Que je te plains, pauvre Odilon ! et cependant il avait reçu le saint baptême. C'était un ange descendu dans une famille d'infidèles. Bientôt il va être perverti... bientôt... Quand fut-il perverti ? Je ne saurais le dire précisément ; mais, très peu de mois après sa naissance, car chez Odilon l'intelligence et le sentiment étaient infiniment précoces. C'est aux premières lueurs de cette intelligence, c'est aux premières émotions du sentiment, dons précieux que le Créateur place dans l'âme humaine pour qu'ils soient dirigés vers lui, c'est alors qu'Odilon fut perverti par ses parents. Sa cruelle mère surtout, qui avait reçu de la Providence la touchante mission d'ouvrir le cœur de son enfant à l'amour de Dieu, cet enfant qu'elle devait chérir, elle l'a frappé de mort. Odilon connaît, il aime ; il ne connaît point, il n'aime point son Dieu ; il est mort.

CHAPITRE III.

Odilon avait encore la figure d'un ange, mais il était loin d'en avoir le cœur. Intelligence, amour, voilà ce qu'on lisait dans ses traits enfantins, avant même que sa bouche sût prononcer la plus petite parole humaine. Doué de génie et d'une âme brûlante, il comprenait déjà une foule d'idées que les enfants ordinaires ne comprennent pas encore. Déjà il aimait avec ardeur; sa mère était comme son Dieu !...

Pauvre Odilon ! s'il eût eu une mère chrétienne, quelles vertus n'eussent pas germées, presqu'en naissant, dans cette âme à un si haut degré intelligente, sensible, reconnaissante ! Mais bientôt il comprend un autre langage que celui de l'amour, et c'est celui de la haine. On ne lui avait pas appris à connaître et à aimer son Dieu, on lui apprend à l'insulter et à le haïr; c'est-à-dire qu'il insulte et qu'il hait cette beauté ancienne et toujours nouvelle, suivant l'expression d'un grand homme, dans sa loi, dans ses ministres, dans sa doctrine; et c'est ce que lui ont appris ses lectures et ses conversations.

CHAPITRE IV.

Odilon entre au collége, et c'est là que se consomme la dépravation de son esprit et de son cœur. Cet esprit, si pénétrant et si avide de connaître, s'exerce sur mille vérités inutiles ou frivoles. Il ignore ou dédaigne les seules vérités essentielles. Ce cœur, qui a un si grand besoin d'aimer, aime tour-à-tour avec passion ses parents, ses maîtres, ses condisciples. Tantôt il s'indigne d'aimer autant des créatures si médiocres; tantôt il passe de l'amitié passionnée à l'indifférence, à l'antipathie, à la haine même, et par les plus légers, par les plus faibles motifs. Il s'indigne d'avoir des maîtres, l'idée d'une loi le révolte, il appelle à grands cris cette liberté illimitée qu'il prétend lui appartenir.

Malheureux enfant! déjà des passions ardentes combattent dans son cœur et le déchirent. L'orgueil, l'ambition, l'indignation, la colère, la basse jalousie, le froid mépris, les folles affections, quelquefois l'ennui et le mépris de toutes choses; tels sont les ennemis qu'il nourrit en lui et qui font son tourment. Mais, enfin, le voilà devenu un homme: il a vingt ans.

CHAPITRE V.

Odilon est écrivain, poëte, homme du monde, homme d'état. Partout il obtient des succès effrayants... Il obtient tout dans le monde, tout ce qu'un cœur humain désire, tout, hormis le bonheur. Il n'a que vingt ans, et déjà il a apprécié les faux biens de la vie. Tous il les a goûtés, tous il les a trouvés amers ou insipides; il a perdu la foi : non-seulement il ne croit point à ce grand Dieu, vérité essentielle et premier anneau de la chaîne des vérités; mais il ne croit plus ni au bonheur, ni à la vertu, ni à l'amitié, ni à la probité, ni à la bonne foi. Il ne sait plus, il ne peut plus aimer, il peut encore haïr. Il hait avec fureur tout ce qui lui est supérieur, il méprise avec dédain tout ce qui lui est inférieur. Je ne sais quelle activité dévorante consume ce cœur blasé. Cent fois il a été sur le point d'attenter à sa vie; ce qui l'a retenu, c'est un je ne sais quoi dont il n'a pu se rendre compte.

CHAPITRE VI.

Que va-t-il devenir, l'infortuné Odilon ? Adieu, France, ô ma patrie, adieu, dit-il un jour, je ne veux plus te voir. Qu'on vante tes charmes, ta politesse, tes arts et tes sciences, qu'importe? tu ne sais pas rendre tes enfans heureux : mauvaise mère, je te fuis. Adieu, ma famille; père, mère, frères, sœurs, je ne vous verrai plus. Ignorance, vanité, égoïsme, vice du cœur, qui me révoltent, moi plus vicieux encore, voilà cette famille dont je ne veux plus être membre. Adieu, tout ce que j'ai connu ; pour toujours, adieu. Que puis-je craindre, en me hasardant au loin pour chercher une vie nouvelle? Si elle est encore plus insupportable que celle que je quitte, je connais les moyens d'en sortir. Tout seul, sans avertir personne, il est parti.

CHAPITRE VII.

Odilon est arrivé dans un port de mer. Un magnifique vaisseau est à l'ancre pour partir. Chef-d'œuvre de l'industrie, le *Triomphant* est l'objet de l'enthousiasme d'une foule nombreuse qui accourt pour l'admirer. Avec ses galeries dorées, ses ornements en cristal, ses draperies élégantes, on dirait un palais magique, qui s'élève dans les airs, en posant légèrement sur les flots; il semble qu'il n'attend plus qu'un coup de baguette pour s'envoler. Tout était en mouvement au dedans, au dehors du vaisseau. Un air de fête, de joie et d'espérance se peignait sur le visage de ces hommes qui allaient affronter tant de hasards. En peu d'instants les conventions sont faites, et bientôt le dénaturé Odilon se plaît à voir s'enfuir le rivage de sa patrie. Après quelques heures cependant, il éprouve, au fond du cœur, je ne sais quel vide affreux qui le désole. Il désire des tempêtes, des combats, des calamités quelconques pour émouvoir son cœur endurci. Il obtiendra ce qu'il désire.

CHAPITRE VIII.

Nous ne retracerons point ici les scènes d'horreur et de carnage qui se passent sur le *Triomphant*. Nous n'en expliquerons point les causes. Ces causes? Il y en a de secondaires; les principales, les voici : Ces hommes étaient dévorés de passions ardentes; ils n'avaient point le frein sacré de la religion; ils n'avaient plus le frein utile de l'opinion publique; pouvaient ils ne pas s'entredéchirer?... Enfin, après tant de crimes, ils se sentent poursuivis par la malédiction divine. Les éléments se déchaînent contre eux; le plus terrible des éléments, une mer irritée, leur entr'ouvre ses abîmes. A la lueur des éclairs, ils aperçoivent, au fond, l'affreuse mort, et, au-delà de cette mort, je ne sais quoi de mille fois plus affreux qui fait trembler ces hardis ennemis de Dieu. Je ne comprenais pas l'enfer, disait Odilon avec un effrayant sourire, je le comprends maintenant.

CHAPITRE IX.

—

Tout est détruit. Le feu du ciel est tombé sur le coupable vaisseau ; ses misérables habitants sont entraînés par les flots, brisés sur les rochers, lancés vers le ciel... Tout est fini... Quelques instants d'agitation encore, et le calme renait. Jamais la mer n'avait été si paisible et si calme. Elle se repose après avoir rempli la mission que le Juge suprême lui avait confiée. Le soleil brille d'un nouvel éclat : l'air est plus pur, et les dauphins se jouent sur la surface des eaux, qui ne sont plus troublées que par les mouvements gracieux et innocents de l'animal obéissant à son maître.

CHAPITRE X.

Odilon cependant respirait encore. Sauvé lui seul du naufrage, il avait été jeté par une vague sur un rivage fleuri. Il était meurtri, blessé, évanoui. Les rayons bienfaisants du soleil le réchauffent peu à peu, il s'éveille de cette demi-mort dans laquelle il était plongé... Il se lève, il considère avec ravissement tout ce qui l'entoure; c'est alors qu'il goûte avec délices le bonheur du salut... O qui pourra comprendre la joie indicible de l'âme humaine, lorsqu'elle se trouve en possession du salut... lorsqu'elle a pu apprécier l'horreur des abîmes affreux qui la menaçaient... lorsqu'elle a pu apercevoir ce resplendissant et tout aimable séjour qui lui est destiné !...

CHAPITRE XI.

Qu'il était magnifique, qu'il était admirable maintenant le séjour d'Odilon ! Tels on peut se représenter les jardins d'Eden, où la main bienfaisante du Créateur avait réuni tout ce qui flatte, tout ce qui enchante le cœur de l'homme. Des fruits délicieux et réparateurs s'offrent à lui de tous côtés ; il n'a qu'à tendre la main pour recevoir la nourriture si admirablement préparée qui lui est offerte ; des oranges sucrées, des dattes nourrissantes, des noix de coco remplies d'un lait rafraîchisant, mille autres fruits particuliers à cette contrée favorisée du ciel. Enfin, les rivages de la mer lui offrent encore une nourriture abondante et plus solide : des coquillages variés, des œufs de tortue, propres à réparer les forces et la santé de l'homme malade ou affaibli. Il n'eût tenu qu'à lui d'être heureux... s'il eût eu la compagnie, l'aimable et douce compagnie de celui qui ne demande pas mieux que de se rendre le compagnon, l'ami, le consolateur de l'homme.

CHAPITRE XII

Peu de jours s'étaient écoulés, et le bonheur s'était enfui. Pouvait-il être heureux le pêcheur !...

L'ennui lui seul a mis son âme dans un état de souffrance insupportable ; il se décide à quitter la vie. L'affreux suicide est consommé dans son cœur ; il réfléchit pour en combiner les moyens. S'avancera-t-il au milieu des abîmes de l'Océan ? Se précipitera-t-il de la cime la plus élevée du vieux et majestueux cocotier, qui lui a prêté ses fruits et son ombrage ? S'enfoncera-t-il dans les forêts pour y trouver quelque lion ou quelque tigre affamé qui le dévore en un instant ? Enfin, il se décide à se laisser mourir d'inanition.

CHAPITRE XIII.

Odilon avait éprouvé toutes les horreurs, toutes les angoisses de la mort. Son cœur endurci n'avait pas cessé d'aimer le crime. Il ne sent plus ; évanoui, mort en apparence, son âme coupable réside pourtant encore dans son corps coupable. Son existence ne tient plus qu'à un fil infiniment léger : ce fil brisé, il tombe à tout jamais dans les abimes de l'enfer....

Aimable, toute bonne, miséricordieuse Providence, tu veillais cependant encore sur l'insensé qui te méconnaît et qui t'outrage... Mais pourquoi, direz-vous, celui-ci fut-il sauvé, tandis que d'autres ?.... Pourquoi ?.... C'est le secret de mon Dieu, je ne vous le dirai pas.

CHAPITRE XIV.

Voici venir sur les savannes fleuries un vieillard majestueux; de rares cheveux blancs couronnent son front respectable. Il marche entouré d'un joyeux cortége d'enfants sauvages. Voyez-le, les yeux fixés sur le ciel, en effleurant légèrement la terre. Père, père, s'écrie un des enfants, j'ai trouvé un de tes semblables; mais il est mort... Avec quel empressement le vieillard accourt! Sa marche est devenue celle d'un jeune homme, plus encore son regard... On atteint l'infortuné... Considérez ce généreux et compatissant vieillard! il prie, agit et commande en même temps. On lui apporte de l'eau pure, il baigne le front et les lèvres décolorées du malheureux Odilon; du lait frais dans une coquille, il en verse quelques gouttes dans sa bouche... Enfin, il sent battre son cœur; il redouble ses prières et ses vœux vers le ciel, il continue ses soins empressés. Une mousse tendre et légère vient soulever et reposer sa tête; le parfum pénétrant du citron ranime son odorat. Enfin il est ressuscité, ses membres ont retrouvé leur mouvement, et ses yeux expriment la vie.

CHAPITR XV.

La belle, la noble et touchante figure du vieillard apparaissait à Odilon comme un songe agréable. Enfin, il dit : Qui es-tu ?... Il entend cette réponse : je suis chrétien... Il murmure alors : je hais les chrétiens... Tu hais, dit le vieillard avec une expression de profonde pitié! Comment peut-on haïr? Eh bien, je te forcerai à m'aimer, en te couvrant de mon amour.

A cette parole si tendre et si haute, le cœur d'Odilon fut enfin brisé; il fond en larmes, il éclate en sanglots.... Non, s'écrie-t-il, non, tu n'es pas un homme, mais un ange... Ne m'abandonne pas, être bienfaisant; je crains, à chaque instant, de te voir déployer tes ailes et t'élever vers le ciel. Si tu n'es pas un ange, dis-moi qui tu es, car tu n'es pas mon semblable. — Je ne suis qu'un homme pécheur, mon nom est Odilon. — C'est moi qui suis pécheur, c'est moi qui suis Odilon, s'écriait le jeune infortuné; et ses larmes coulaient, et son cœur était brisé, et il n'était plus lui-même.

CHAPITRE XVI.

Le jeune Odilon ne pouvait se lasser de considérer le vieillard ; il est frappé de sa ressemblance avec sa mère, toutefois avec une expression de vertu et d'innocence que celle-ci n'avait pas. Tout-à-coup, des souvenirs confus se présentent à lui... Sa mère avait un oncle qui s'appelait Odilon ; à l'âge de trente ans, il avait quitté sa patrie, sa famille et sa fortune, pour se consacrer à Dieu et au salut des sauvages. On avait recueilli sa fortune, on s'était moqué de son dévouement et de son sacrifice ; on ne parlait que rarement de lui et avec une sorte de mépris. Serait-ce lui, disait Odilon au fond de son cœur, serait-ce l'oncle de ma mère ?... Il se disait encore : Qu'il est beau ! qu'il est bon ! qu'il est saint ! Il répéta enfin tout haut : Serait-ce l'oncle de ma mère ? Puis il prononça son nom de famille... celui de sa mère... Je suis Odilon le pécheur, serais-tu Odilon le juste ?

CHAPITRE XVII.

Comment redire la joie céleste qui inonda le cœur du vieillard chrétien? Il avait reconnu son petit-neveu ; s'il avait trouvé en lui un cœur vertueux, sa joie serait calme et modérée ; mais c'est un pécheur, sa joie est vive, affectueuse, elle va jusqu'au transport. C'est que la jouissance qu'il éprouve est accompagnée d'une grande espérance ; il a sauvé la vie de son corps, il va sauver la vie de son âme. Son Dieu lui en donne le pressentiment, et comme l'assurance. Le nom de neveu n'est pas assez doux : ô mon fils bien-aimé! s'écrie t-il, combien je bénis, combien je loue cette admirable providence de mon Dieu qui t'a déposé entre mes bras pour te sauver, pour te redonner la vie que tu avais perdue... O mon fils bien-aimé! je ne t'avais jamais vu des yeux du corps, mais dès longtemps je te connais des yeux de l'esprit, dès longtemps j'appelais ton âme, je la demandais à mon Dieu. Oui, tu es l'enfant de nos prières, non pas des miennes seulement, mes bons sauvages demandaient tous les jours au bon Dieu l'âme chérie de leur père ; ils l'ont enfin obtenue ! Qu'il soit mille fois loué ce Dieu qui ne résiste point à la prière de ses enfants !...

Le jeune Odilon, de son côté, jouissait du bonheur d'être aimé d'une manière si tendre et si généreuse; il jouissait surtout, et c'était avec un étonnement incomparable, de ne trouver rien que de pur et de saint dans tous les sentiments et les moindres paroles du vieillard.

CHAPITRE XVIII.

Ce sont les pécheurs bien plus que les justes qui sentent vivement les vices et les travers de leurs semblables ; l'orgueilleux est irrité par l'orgueil d'autrui, et les vices qu'on porte en soi ne rendent pas indulgent pour les vices des autres.

C'était un spectacle inconnu pour le jeune Odilon que la conversation du vrai chrétien : vérité, charité, humilité, exprimées par le regard, par le geste, par l'inflexion de la voix, par la parole ; voilà ce qu'il considérait avec surprise, avec amour. Son cœur se formait peu à peu, mais toutefois par des progrès rapides. Que sont toutes les joies de la terre auprès de la joie que goûte un cœur vertueux ! Le jeune Odilon éprouvait de temps en temps un avant-goût de ce bonheur ; c'était comme un éclair, mais cet éclair illuminait son âme et lui montrait un horizon plein de charmes qui se présentait à ses yeux.

CHAPITRE XIX.

Le jeune Odilon était enfin entièrement converti et rendu à la vertu. Peu de raisonnements, peu d'efforts, peu de combats avaient été nécessaires. D'abord son cœur avait cédé à l'ascendant de la vertu de son saint oncle ; et quand les vérités et les dogmes de notre foi lui avaient été exposés dans leur majestueuse simplicité, il n'avait trouvé aucune objection à faire ; son esprit juste et pénétrant avait aperçu d'un coup d'œil le trésor de lumières et de raison que contient la religion chrétienne. Souvent il s'écriait, en interrompant son oncle : Ah ! si j'avais su..... Ah ! si on m'eût dit.... Puis, il ajoutait à voix basse.... Ah ! si j'avais eu une mère chrétienne !..... Mon ami, répondait le saint vieillard avec vivacité, les malheureux qui auront perdu l'espérance diront un jour comme tu dis ; mais, Dieu est juste, il ne punit jamais en nous les torts d'autrui..... Peut être que c'est la prière de ta mère qui a obtenu ta conversion..... Non, répliquait Odilon, c'est bien plutôt la tienne ; ma mère est incrédule. Non, non, cela n'est pas possible, s'écriait le saint vieillard avec feu : une femme ! une mère incrédule ! jamais je ne le croirai, quand elle me le dirait elle-même.

CHAPITRE XX.

Pour la première fois, le jeune Odilon s'était approché du festin sacré. Alors, c'est alors seulement que la vie lui apparut pleine de charmes et d'espérances. Adieu, dit-il un jour à son saint oncle; adieu, ange que mon Dieu m'a envoyé; je vais retrouver ma famille et ma patrie, et je leur porte un cœur qui saura les aimer. Je ne te demande pas de revenir en France; ton œuvre est ici; elle est grande, elle est belle ton œuvre. Les sauvages par toi sont devenus des hommes; mais, j'ai laissé en France des hommes devenus sauvages; je vais travailler à leur conversion. Je ne les convertirai pas tous ajoutait-il avec un soupir; mais, quand je n'en convertirais qu'un seul, ne serais-je pas bien payé, quelques travaux que j'embrasse? Mais, j'en convertirai plusieurs, j'en ai le sentiment et l'espérance. Adieu, mon saint oncle; à revoir dans ce beau ciel où je te donne rendez-vous; adieu!

CHAPITRE XXI.

Odilon est en France ; mais il n'a voulu toucher le sol de sa patrie, que revêtu de l'habit de soldat de Jésus-Christ. Quelle métamorphose, s'écrient tous ses amis ! Oui, elle est grande, leur répond-il, mais plus encore pour le cœur que pour l'habit. Je suis chrétien, mes amis, et je suis fier et heureux de l'être..... Maintenant, on verra Odilon se montrant partout conséquent avec cette noble et sublime parole : Je suis chrétien !

C'est ainsi que les premiers disciples de Jésus-Christ, amenés devant les échafauds, menacés par les princes du monde, mis en présence des séductions les plus enchanteresses, n'avaient que cette parole prononcée paisiblement, et qui produisait des miracles : Je suis chrétien !

CHAPITRE XXII.

Odilon.... mille fois plus aimable, parce qu'il est plus aimant; mille fois plus puissant par sa parole, parce que sa parole est vraie; Odilon, animé du désir de réparer le passé, marche à la conquête des âmes; il monte dans la chaire de vérité; il raconte son histoire avec candeur; il s'humilie noblement; il appelle les pécheurs... Qui jamais l'a été autant que lui? Qui a plus goûté l'angoisse du vice? Maintenant, il goûte des joies ravissantes, qu'il ne sait comment nommer et comment faire comprendre. Il appelle les gens de lettres... Il leur raconte comme il a senti en lui une intelligence nouvelle à la lumière de la foi, comme il a senti en lui un feu créateur qui lui présage des succès partout où il voudra; mais il ne veut plus rien au monde que des âmes. Il appelle les hommes d'état, les poëtes, les législateurs; il leur rappelle, en termes énergiques et persuasifs, qu'ils ont reçu une mission spéciale, qu'il leur en sera demandé un compte rigoureux. Il leur prouve, à toutes ces âmes distinguées et brûlantes, que lui aussi, le prince des ténèbres, avait reçu de Dieu des dons brillants et distingués; mais, il s'en est servi, le malheureux! pour se rendre plus coupable, et, par conséquent, plus misérable que tous ceux qu'il a entraînés avec lui dans l'abîme !

CHAPITRE XXIII.

Maintenant, nous ne dirons plus rien d'Odilon : il a commencé à vivre ; il vivra de la vie du chrétien, jusqu'au moment où commenceront pour lui les joies éternelles et ineffables. Le monde frivole et léger poursuit sa vie de plaisirs et de malheurs ; Odilon, devenu chrétien, fait ce que font tant d'autres que le monde n'aperçoit pas, ou que le monde méprise. Il prie, il prie encore ; il instruit, il conseille, il distribue d'abondantes aumônes. Il travaille sans cesse, jour et nuit, à persuader aux hommes les vérités bases du bonheur ; il goûte les délicieuses joies de l'espérance chrétienne ; il goûte le bonheur d'aimer Dieu et d'être aimé de Dieu !... Il jouit du bonheur, le dirai-je, et me croira-t-on, il jouit du bonheur de souffrir pour son Dieu ! Il fait ce que font tant d'autres que le monde n'aperçoit pas, ou que le monde méprise !

CHAPITRE XXIV.

CONCLUSION.

Si j'avais eu une mère chrétienne ! Voilà le cri qui s'échappe du cœur d'Odilon. Ce cri accusateur s'échappera aussi, au dernier de leurs jours, du cœur de tous ces hommes qui se sont égarés dans les sentiers de la vie, et qui sentent qu'ils vont tomber dans l'abîme... Et au fond de cet abîme affreux, elle l'entendra, la mère coupable, ce cri vengeur : si j'avais eu une mère chrétienne !

Maintenant, qui pourra comprendre ce qu'elle va souffrir, et pendant toute l'éternité, celle qui, conservant son cœur maternel pour son châtiment, entendra continuellement ces cruelles paroles !

Quant à nous, nous dirons avec le saint vieillard : une mère ! une femme incrédule ! non, cela n'est pas possible ; mais une femme légère, dissipée, indifférente pour la piété ; ô que le nombre en est grand de celles-ci !... Et tout cela n'est pas une mère chrétienne ? Et cette mère légère, dissipée, non pieuse, fera à peu près de son fils tout ce que pourrait en faire une mère impie, ce monstre qui n'existe pas.

FIN.

Carpentras. — Imp. E. ROLLAND.

www.ingramcontent.com/pod-product-compliance
Lightning Source LLC
Chambersburg PA
CBHW061010050426
42453CB00009B/1361